São Francisco de Assis

maravilhasdedeus

Santa Bakhita do Sudão – Susan Helen Wallace
Santa Clara de Assis – Paolo Padoan
Santo Antônio – Eliana Bueno-Ribeiro
São Francisco de Assis – Mary Emmanuel Alves
São Paulo – Mary Lea Hill

MARY EMMANUEL ALVES

São Francisco de Assis

Paulinas

Dados Internacionais de Catalogação na Publicação (CIP)
(Câmara Brasileira do Livro, SP, Brasil)

Alves, Mary Emmanuel
　　São Francisco de Assis / Mary Emmanuel Alves ; [tradução Barbara Theoto Lambert]. – 3. ed. – São Paulo : Paulinas, 2012. – (Coleção maravilhas de Deus)

　　Título original: Saint Francis of Assisi : gentle revolutionary.
　　Bibliografia.
　　ISBN 978-85-356-3326-9
　　ISBN 0-8198-7030-7 (ed. original)

　　1. Francisco de Assis, Santo, 1181 ou 2-1226　2. Santos cristãos – Biografia I. Título. II. Série.

12-11218　　　　　　　　　　　　　　　　　　　　　　　　　　　　　CDD-270.092

Índice para catálogo sistemático:

1. Santos cristãos : Biografia　270.092

Título original: *Saint Francis of Assisi: gentle revolutionary*
© 1999, *Daughters of Saint Paul*
Publicado por Pauline Books & Media, 50 St. Paul's Avenue,
Boston, MA 02130-3491.

Citações bíblicas: *Bíblia Sagrada* – Tradução da CNBB. 2. ed. São Paulo, 2002.

Direção-geral: *Flávia Reginatto*
Editora responsável: *Luzia M. de Oliveira Sena*
Assistente de edição: *Andreia Schweitzer*
Tradução: *Barbara Theoto Lambert*
Copidesque: *Mônica Elaine G. S. da Costa*
Revisão: *Ana Cecilia Mari*
Direção de arte: *Irma Cipriani*
Gerente de produção: *Felício Calegaro Neto*
Capa e diagramação: *Wilson Teodoro Garcia*
Ilustrações: *Patrick Kelley*

3ª edição – 2012
4ª reimpressão – 2024

Nenhuma parte desta obra pode ser reproduzida ou transmitida por qualquer forma e/ou quaisquer meios (eletrônico ou mecânico, incluindo fotocópia e gravação) ou arquivada em qualquer sistema ou banco de dados sem permissão escrita da Editora. Direitos reservados.

Cadastre-se e receba nossas informações
paulinas.com.br
Telemarketing e SAC: 0800-7010081

Paulinas
Rua Dona Inácia Uchoa, 62
04110-020 – São Paulo – SP (Brasil)
📞 (11) 2125-3500
✉ editora@paulinas.com.br

© Pia Sociedade Filhas de São Paulo – São Paulo, 2008

1
Só o melhor

Passos pesados rasgaram o ar, rompendo o silêncio da meia-noite e, de repente, pararam. O som cavernoso de batidas na porta ecoou na rua. "Quem será a esta hora da noite?", a velha criada perguntava a seus botões, enquanto empurrava o ferrolho para trás. A pesada porta abriu-se com um rangido e a luz do interior lançou sombras fantasmagóricas sobre o estranho macilento ali parado. Antes que a aterrorizada criada perguntasse o que ele queria, o homem transmitiu sua mensagem profética.

– Diga a dona Pica – falou com voz grave e firme – que, se ela não sair de casa e for ao estábulo, a criança não nascerá.

O desconhecido se virou bruscamente e desapareceu na noite. A criada, sobressaltada, fechou a porta. "Que coisa estranha!", pensava ela, ao mesmo tempo que corria para transmitir a mensagem a sua patroa. "Talvez ele fosse um enviado de Deus!"

— Por favor, minha senhora, faça o que o estranho disse! – implorou a jovem empregada que velava à cabeceira de dona Pica. – A senhora já sofreu muito.

— Sim – Pica sussurrou com voz fraca. – Vou fazer o que ele recomendou. Chame os criados... para que me ajudem... a ir até o estábulo.

Sem perda de tempo, carregaram a nobre senhora de seu quarto confortável para o estábulo úmido. As empregadas a acomodaram o melhor possível em meio a cobertores e palha. O mais inusitado era que dona Pica parecia bem contente por estar ali.

A sombra da chama de uma vela solitária parecia "dançar" nas paredes do estábulo. Houve um silêncio esperançoso e então... o choro de um recém-nascido saudável rompeu a tensão.

— É um menino! Nasceu um menino para os Bernardone! – gritou uma criada pelos corredores da mansão. – Venham ver o bebê de minha senhora!

Todos da casa, empregados e criadas, reuniram-se ao redor da mãe e do filho no estábulo.

-- Faz a gente se lembrar do Menino Jesus em Belém – falou um senhor, tirando o gorro de lã, em sinal de respeito.

Todos queriam saber o porquê de tudo aquilo. Mas outro pensamento os preocupava naquela noite. O pai do bebê estava para chegar de viagem. O que ele diria?

– Ele não vai gostar dessa história de estábulo – murmurou um dos empregados. – Não creio que tenha um tantinho de sangue plebeu.

Quando chegou e soube do acontecido, Pedro Bernardone tomou o filho nos braços e declarou:

– Meu filho... em um estábulo? *Que absurdo!* – ele deu meia-volta. – Ele será um ótimo comerciante! O melhor de Assis! – berrou. – Nunca mais voltem a mencionar o estábulo, vocês entenderam? – os criados inclinaram-se e assentiram.

– Sim, senhor.

– Naturalmente.

– Nunca mais, senhor.

Mas... E se Deus tivesse outros planos? Ninguém se atreveu a perguntar.

Senhor Bernardone voltou-se para sua mulher.

– João?! Você o batizou João, como João Batista, vestido de peles de camelo? De jeito nenhum! Eu sou o pai e digo que ele se chamará "Francisco", em homenagem aos cultos e requintados franceses. Quero que ele tenha o melhor que o mundo pode oferecer... Quero que ele *seja* o melhor!

– Ele será... – sussurrou a criada idosa. – Será o melhor aos olhos do Senhor.

2
Um Rei desprezado

Assis é uma cidadezinha ao norte da Umbria, região central da Itália. Casas de alabastro branco, com telhados cor de laranja, brilham sob o sol forte. Casas e lojas que se alinham em ruas estreitas. Os majestosos Apeninos – cadeia de montanhas que atravessa o centro da Itália – parecem tocar o céu. O verão traz flores coloridas e o inverno mantém aquela imagem de terra encantada, cobrindo-a de gelo e neve. A bela Assis é um lugar onde parece que a natureza toda canta os louvores de Deus.

Uma velha lavadeira inclinou-se na janela, observando a cidade.

– Lá vem ele de novo – riu para si mesma, ao avistar um jovem sorridente vindo em sua direção.

Francisco levantou os olhos.

– Olá, senhora! – acenou.

– Uma canção, Francisco! Cante uma canção só para mim! – gritou ela.

— Ah! Só a melhor canção para a senhora! E em francês, naturalmente.

Francisco ergueu o chapéu vermelho brilhante e curvou-se graciosamente, como se a lavadeira desdentada fosse uma rainha.

— E para onde você vai desta vez? – a mulher perguntou.

— Para nenhum lugar em especial... Só saí para me divertir – Francisco respondeu, dando de ombros. — E agora sua canção!

Descendo a rua de costas, Francisco começou a cantar em francês a plenos pulmões.

A língua falada em Assis era o italiano, mas, sempre que estava particularmente feliz – o que acontecia quase sempre –, Francisco cantava em francês.

A fisionomia da velha desmanchou-se em mil rugas sorridentes.

— Palhaço! – gritou para ele. – Venha me visitar outras vezes!

Francisco parou diante de uma igreja em ruínas. Erguendo novamente o chapéu, ele sussurrou polidamente:

- Bom dia, meu Senhor!

Olhando fixamente para os empoeirados degraus de pedra, ele não pôde deixar de pensar em Jesus sozinho lá dentro. Pôs as mãos no bolso e foi embora devagar. Agora os Apeninos estavam plenamente visíveis, agigantando-se acima da cidadezinha. "Como essas montanhas são lindas!", pensou. "Deus fez tudo tão bonito... E só para nós. Mas o que nós fizemos para ele?" Francisco parou de novo. Virou-se e olhou para a igreja velha e pobre.

– Essa é a casa de Jesus, o Rei dos reis. E olhe só o estado do lugar! – pensou em voz alta. – As coisas seriam diferentes, se vivêssemos realmente o que cremos... Se eu realmente vivesse o que creio....

Nesse momento, um travesso ratinho silvestre saiu correndo. Em um minuto, Francisco estava tentando pegá-lo. Todos os seus pensamentos profundos se foram.

Infelizmente, os tempos não tinham nem a metade da beleza da cidade de Assis. Era o fim do século XII, época de ousados cavaleiros e fidalguia,* de muitas festas e prazer. A melhor coisa a fazer era seguir a turma. Mas nem sempre a

---

* O cavaleiro, nos tempos medievais, era, geralmente, um homem de origem nobre, a quem o rei ou outro senhor de posição social elevada concedia um título militar honorário. Os cavaleiros também prometiam obedecer a um código especial de conduta. Já fidalguia é palavra usada para descrever as qualidades de um cavaleiro, que incluíam: coragem, justiça, bondade, respeito pelas mulheres e solicitude pela proteção dos pobres.

turma seguia na direção certa. Os dez mandamentos da Lei de Deus eram considerados dez grandes obstáculos que atrapalhavam o divertimento. O propósito real da vida de conhecer, amar e servir a Deus ficava quase sempre esquecido no meio da agitação. Francisco também se esquecera dele.

3
Remendos coloridos

Dinheiro não significava nada para Francisco. Talvez fosse por isso que ele o gastava tão depressa. As peças de fazenda na loja de seu pai estavam desaparecendo misteriosamente. Francisco as estava distribuindo. O filho de Pedro Bernardone era o jovem mais popular – e generoso – da cidade.

– Ei, Francisco! – um grupo de amigos bateu na vitrina da loja dos Bernardone. – Vemos você à noite!

– Às nove horas – Francisco respondeu rindo.

Às nove em ponto, ele apareceu na soleira da porta. E que aparição! O sorriso quase tocava as orelhas. Os olhos escuros brilhavam, revelando sua alegria. Essa noite, porém, ele acrescentara algo especial. Remendos coloridos, nas cores vermelha, laranja, púrpura, verde e amarela, cobriam sua roupa de palhaço. Francisco era o líder de seus amigos. E ele sabia disso!

– Olhem só esse traje! – bradou um do grupo.

– Aposto que o alfaiate passou noites acordado para fazê-lo! – caçoou outro garoto.

Os vizinhos sempre perdiam o sono quando Francisco e os companheiros perambulavam pelas ruas no meio da noite, cantando e gritando pelo caminho.

– Seu filho Francisco é incorrigível – reclamavam para dona Pica. – Ele se comporta como se fosse filho de um milionário.

Dona Pica abaixava os olhos e respondia:

– Ele é filho de um comerciante, mas rezo para que um dia ele seja também filho de Deus.

Certa vez, quando Francisco estava bastante atarefado na loja de tecidos, um mendigo aproximou-se dele.

– Pelo amor de Deus, me dê alguma coisa – suplicou o homem.

– Não vê que estou ocupado? – Francisco respondeu com aspereza e impaciência. – Vá embora!

O velho saiu em silêncio.

De repente, Francisco sentiu vergonha de si mesmo. "Olha só o que eu fiz!", pensou. "Se um de meus amigos ou um ricaço entrasse, eu pararia tudo para lhe dar o que precisasse. Esse pobre homem entrou e pediu ajuda, *pelo amor de Deus*, e eu o mandei embora!"

Os vizinhos sempre perdiam o sono quando Francisco
e os companheiros perambulavam pelas ruas.

Antes mesmo de terminar a reflexão, Francisco pegou uma tesoura. Desenrolou uma peça de fazenda no balcão e recortou um grande pedaço de pano. Largando os fregueses, saiu correndo atrás do mendigo.

– Espere! Pare! – gritou. – Tenho uma coisa para você!

Quando alcançou o velho, Francisco jogou-lhe o tecido nos braços e depois esvaziou o dinheiro dos bolsos nas mãos enrugadas do mendigo. O rapaz sabia que seu pai não ia gostar, mas se sentia estranhamente feliz e tranquilo enquanto voltava para a loja.

4
Uma breve carreira

– Eu poderia assumir seu negócio, pai, mas não dou para isso. Quero fazer algo grandioso... Como ser cavaleiro ou soldado famoso!

– Ótimo! – senhor Bernardone bradou. – Vou escrever ao prefeito hoje mesmo. Talvez ele o empregue.

A oportunidade chegou bem depressa para Francisco, quando Assis entrou em combate contra a cidade vizinha, Perúgia. Ele entusiasmou-se com a disputa.

Mal terminou o primeiro dia de combate, os homens de Assis foram feitos prisioneiros. O desânimo tomou conta do pequeno exército derrotado. Só Francisco estava otimista a respeito da situação. De fato ele estava tão animado que irritou muitos dos companheiros.

– Francisco! – falou com rispidez um colega prisioneiro. – Estamos nas mãos dos inimigos, quase mortos de fome e feridos, e você fica fazendo piadas e cantando em francês!

– Vai ver a luta mexeu com ele. Você sabe, afetou-lhe a mente – completou outro prisioneiro, apontando para a própria cabeça.

Mas Francisco não ligava para o que diziam. Estava realmente feliz.

– Ora, poderia ser pior – ele dizia.

Seu otimismo era "contagiante" e logo começou a influenciar os outros homens. Quando foram soltos, um ano mais tarde, todos tinham-se tornado bons amigos.

Embora não tivesse abalado o espírito de Francisco, o tempo de cadeia destruíra-lhe a saúde física. Uma febre alta exauria seu corpo. O povo da cidade cochichava:

– O médico acha que ele vai morrer...

Dona Pica não saía de sua cabeceira. Rezava o tempo todo:

– Se Deus quiser, ele poupará meu filho!

Um ano mais tarde, a febre finalmente cedeu. Pouco a pouco, uma nova força pulsou no corpo de Francisco.

Certa manhã, sua mãe entrou no quarto sorrindo:

– Tenho boas notícias, Francisco. O médico disse que você pode sair da cama hoje!

Francisco sentou-se. Demorara tanto!

– Será ótimo ver de novo a cidade! – ele exclamou. Saiu bem devagar da cama, mas, antes mesmo de chegar à janela, seus joelhos começaram a tremer. Dona Pica segurou-o a tempo.

– O que aconteceu? – ele perguntou, enquanto a mãe o ajudava a sentar-se em uma cadeira.

– Você está fraco, só isso. Não tente fazer tudo de uma vez – ela advertiu. – Lembre-se de que esteve doente por muito tempo.

Sem demora, Francisco conseguiu se movimentar com uma bengala. No primeiro dia em que se sentiu bastante forte, deu um pequeno passeio pela cidade. Todos ficaram contentes em vê-lo novamente.

– Ora, ora, se não é Francisco! Graças a Deus você está de volta! – a velha lavadeira falou da janela.

– Você parece ótimo, Francisco! Continue assim – o sapateiro cumprimentou-o, quando o jovem passou pela sua oficina.

Para todos que encontrava, Francisco erguia o chapéu, sorrindo. Mas por dentro não sentia nenhuma vontade de sorrir. De fato, quanto mais ele olhava para a feia bengala que o mantinha de pé, mais se perguntava se algum dia voltaria a ficar completamente bom. Contemplando os distantes Apeninos, seus pensamentos vagueavam. "Eu costumava correr até o sopé dessas montanhas... Agora mal posso andar. Passei tantas horas agradáveis com os amigos cantando pelas ruas à noite... Agora é preciso tanta energia só para respirar... Mas logo estarei melhor e voltarei a me divertir."

De repente, Francisco viu-se sacudindo a cabeça. "Não!", respondeu a si mesmo. "Não voltarei ao meu velho divertimento. Alguma coisa está diferente agora. Eu estou diferente!"

No fundo do coração, Francisco sabia que tinha uma escolha importante a fazer.

5
Decisão!

Passaram-se meses. Pedro Bernardone notou que seu filho, outrora jovial e expansivo, andava quieto e retraído. Foi ficando preocupado.

– Francisco, o que você anda pensando? – por fim ele perguntou.

– Só... bem... o senhor sabe... – Francisco gaguejou. – Pensava no que fazer com minha vida.

– Uma excelente ideia! – o pai concordou, batendo as mãos nos joelhos. – Vamos começar com o que você *quer* fazer – completou, mostrando sua satisfação com um largo sorriso, enquanto pensava em todas as possibilidades. – Você precisa estudar. Você receberá a melhor educação e terá tudo que estiver ao meu alcance comprar.

– Sinto-me realmente mais forte agora. E tenho tempo... – Francisco murmurou.

– Então, o que vai ser?

Francisco ergueu os olhos.

– Um cavaleiro.

– De novo? – senhor Bernardone reprimiu uma risada. Não queria desencorajar o filho. Afinal de contas, isso pelo menos era um começo.

– Então, um cavaleiro você será! – seu pai exclamou.

Então, ele comprou para Francisco a melhor armadura e o melhor cavalo que o dinheiro podia pagar. Quando chegou o dia de Francisco partir, quase todos os habitantes de Assis vieram desejar-lhe sucesso em sua nova carreira militar. Os moradores o aplaudiram quando ele foi embora cavalgando. Senhor Bernardone era o mais orgulhoso de todos.

– *O melhor!* – disse ele em voz alta, enquanto acariciava a barba pontuda. – Meu filho será *o melhor!*

Naquele dia, enquanto deixava o povoado para trás, Francisco encontrou um cavaleiro que perdera tudo na guerra. O jovem Bernardone não pôde deixar de sentir pena dele. Desabotoou sua cara capa bordada e tirou da bainha a espada brilhante novinha em folha.

– Tome – ofereceu, gentilmente. – Quero que fique com isto.

O atônito cavaleiro não sabia como agradecer.

Francisco passou aquela noite na cidade de Espoleto. Exausto depois de cavalgar durante horas, não teve dificuldade para cair no sono. Assim que fechou os olhos, começou a sonhar. Alguém lhe falava.

– Francisco – chamou uma voz misteriosa –, é melhor servir ao mestre ou ao servo?

– ... Ao... mestre – respondeu ele, tentando encontrar as palavras.

– Então por que você faz do servo um mestre?

Subitamente, Francisco viu-se como realmente era, tão pequeno, tão pobre aos olhos de Deus.

– Meu Senhor – perguntou –, o que devo fazer?

– Volte a Assis e saberá.

Francisco acordou e sentou-se com um sobressalto. Saiu depressa da cama e ajoelhou-se. Passou o resto da noite rezando e pensando, revivendo o sonho repetidas vezes na memória.

– Deus é o único e verdadeiro Mestre – murmurou. – Só ele merece minha vida e meu amor. Ele deve ser meu Rei. Serei seu cavaleiro. Deus... só Deus... só Deus.

Quando amanheceu, Francisco estava pronto para partir. Se Deus queria que ele voltasse a Assis, então ele faria exatamente isso e o mais depressa possível. A caminho de casa, parou e vendeu sua armadura.

Pedro Bernardone, que tão arrogantemente se gabara do filho poucos dias antes, sentiu-se completamente humilhado ao ver Francisco de volta à casa tão depressa. Encolerizou-se quando descobriu que ele também dera e vendera todo o dispendioso equipamento militar que lhe comprara. Dona Pica conseguiu acalmá-lo, mas a raiva ainda estava latente.

Os amigos de Francisco não deram importância ao incidente, considerando mais uma de suas extravagâncias. Ficaram felizes em ter seu líder de volta e fizeram uma grande festa. Francisco foi, ou pelo menos, tentou ir. Estava à frente da turma quando seus amigos tomaram a direção da rua. Alguns metros adiante, ele se viu no meio do grupo. Minutos depois, estava afastado dos demais, lá atrás. O ruidoso grupo à sua frente desapareceu dobrando a esquina. Ele ficou sozinho e começou a rezar, alheio ao tempo, ao lugar e às pessoas. Por fim, alguns de seus amigos perceberam a sua ausência e voltaram para procurá-lo. Ele nem mesmo percebera que haviam voltado, até que um deles cutucou-lhe o ombro.

– Ei, Francisco! O que você tem?

– Eu sei – um outro caçoou. – Ele está apaixonado.

– Você tem razão – Francisco respondeu, com um largo sorriso.

– Tomara que dê tão certo quanto sua carreira militar – disse um deles rindo.

De repente o rosto de Francisco ficou vermelho de raiva. Ele se voltou e foi embora, deixando os amigos totalmente confusos. Ele não estava zangado com eles. Estava zangado consigo mesmo.

– Desperdicei tanto tempo – ele suspirou. – Tenho de mudar agora. É a Deus que desejo amar e servir. Não ao dinheiro. Não ao prazer.

E Francisco rezou. Rezou realmente.

6
Meu amigo, o leproso

A igreja do povoado de São Damião e uma caverna sombria tornaram-se o segundo lar de Francisco. Ali ele passava horas rezando. Agora seu generoso e alegre coração estava determinado a buscar somente Deus.

Em casa, certo dia sua mãe encontrou-o fazendo todos os preparativos para um jantar suntuoso.

– Para que são todas estas requintadas louças, prataria e toalhas de linho? Para uma festa com os amigos? – sua mãe perguntou, surpresa.

Francisco assentiu alegremente:

– Convidei todos os meus *novos* amigos para uma festa hoje à noite.

– Seus novos amigos? – curiosa, sua mãe interrogou.

– Sim, e eles são muito bons amigos também – Francisco acrescentou.

À noite, dona Pica deu uma espiada na festa. Imagine sua surpresa quando viu todos os pobres, os mendigos e os vagabundos de Assis usufruindo de um belo banquete com seu filho!

Francisco sempre fora amoroso. Agora ele queria crescer no amor. Queria amar as pessoas independentemente de serem ricas ou pobres, bondosas ou cruéis, porque ele via Jesus em cada uma delas. Deus não demorou a lhe dar a oportunidade de provar seu amor.

Uma tarde, Francisco foi cavalgar fora das portas da cidade. De repente o cavalo empinou. À frente, na beira da estrada, estava sentado um leproso. A lepra é uma doença que provoca a decomposição do corpo e, naquele tempo, não havia cura, o que significava uma morte lenta e certa. Todos temiam chegar perto dos leprosos porque a doença era também muito contagiosa.

Francisco tirou algumas moedas do bolso. Estava prestes a jogá-las para o leproso quando teve uma ideia inesperada. "Este pobre homem é amado por Deus do mesmo modo que eu sou. Na verdade ele é meu irmão, pois somos todos filhos de Deus."

Francisco desmontou e caminhou até o leproso. A cada passo ficava mais forte o cheiro nauseante de carne em decomposição. Ele teve de forçar as pernas para continuar andando. Engoliu em seco. Seu estômago estava enjoado.

"Tenho de continuar andando. Tenho de mostrar a Deus que quero amá-lo sem limites. Tenho de mostrar a este homem que o amo e me importo com ele." Com muita boa vontade, Francisco deu o último passo.

O leproso encolheu-se de medo. Não conseguia entender esse jovem rico e saudável que ousava chegar perto dele. Seus olhos sensíveis e avermelhados abriram-se mais ainda quando o rapaz colocou as moedas na palma de sua mão e o beijou, pondo o braço ao redor do seu ombro, como se eles fossem amigos íntimos! Os dois não trocaram nem uma palavra. Mas Deus estava falando a seus corações.

Minutos depois, o pobre leproso sentou-se atordoado, olhando fixamente para as moedas que tinha na mão. Lágrimas correram-lhe pelas faces. Francisco já montara de novo, cavalgando pela estrada com o coração tão cheio de alegria que parecia estar prestes a estourar.

7
A dádiva não desejada

Francisco ajoelhou-se diante do crucifixo empoeirado da igreja de São Damião.
– Por favor, meu Deus, me diga o que quer que eu faça – implorou.

Pareceu que uma voz penetrou o silêncio, e fez um eco profundo em sua alma.
– Francisco, Francisco...

O jovem Bernardone permaneceu imóvel. Estaria Jesus falando com ele? Fitou o crucifixo e ouviu com o coração.

– Francisco, restaure minha casa! – ordenou a voz.

Finalmente Francisco tinha uma missão específica para realizar! Estava pronto para lançar-se ao trabalho. Não haveria meias medidas para servir a seu Rei. O jovem correu os olhos pelas paredes rachadas da igreja de São Damião e percebeu os buracos abertos no telhado. Foi diretamente para a loja de seu pai.

Pouco tempo depois, Francisco estava a caminho do mercado; seu cavalo vinha carregado com as melhores peças de tecido oriental que ele tirara das prateleiras. Tarde da noite o jovem comerciante voltou para casa em triunfo, cantando em francês. Não restava nem um único metro de fazenda. Nem seu cavalo. Ele o vendera também!

No dia seguinte, Francisco voltou à igreja de São Damião. Encontrou o idoso sacerdote da igreja sentado ao lado da porta.

– Padre, eis aqui tudo que o senhor precisa para consertar a igreja! – exclamou o jovem, sacudindo uma sacola de dinheiro à frente dele.

O padre ficou chocado.

– Onde conseguiu? – perguntou, atônito.

– Vendi alguns tecidos.

– Você deve ter vendido *muitos* tecidos e, além disso, sem a permissão de seu pai, porque ele nem mesmo está em casa! – o sacerdote sacudiu a cabeça, nagativamente. – Sinto muito, Francisco, não posso aceitá-lo. Conheço muito bem seu pai. Ele não vai gostar.

– Mas eu trabalho para ele. Sou filho dele. Isto é apenas minha parte. Pegue o dinheiro, padre – Francisco implorou. – É para a igreja!

O velho sacerdote novamente sacudiu a cabeça.

Francisco ergueu os olhos para o prédio dilapidado e depois para sua dádiva não desejada.

Francisco, restaure minha casa!

Encolhendo os ombros, começou a se afastar. Deu alguns passos e parou.

– Não quer reconsiderar, padre?

Mais uma vez o sacerdote sacudiu a cabeça com tristeza.

– Mas é para a igreja – Francisco murmurou para si mesmo –, e é apenas *minha* parte.

Ele balançou a sacola nas mãos e com passos determinados tomou o rumo de casa. Entretanto, simplesmente não conseguiu prosseguir. Por que *deveria* levar o dinheiro de volta? Era destinado a Deus. Correu e largou o saco no peitoril da janela do sacerdote. "Se ele mudar de ideia." Pôs as mãos nos bolsos e foi embora. Estava na hora de uma canção... em francês, naturalmente.

A primeira coisa que o senhor Bernardone notou quando voltou para casa foi que algumas das prateleiras da loja estavam vazias. Francisco também não estava. Conhecendo o filho, não demorou muito para tirar suas conclusões.

– Onde ele está? – vociferou. – Onde ele está?

Dona Pica tentou acalmá-lo.

– As coisas não são tão ruins, Pedro.

– *São* muito ruins e sei *exatamente onde* ele está – berrou, batendo a porta atrás de si.

O sacerdote da igreja de São Damião viu o senhor Bernardone chegando. Sabia que tinha de medir as palavras.

– Olá, Pedro. Vejo que está de volta da viagem de negócios – começou com um sorriso nervoso.

– Onde ele está? – inquiriu senhor Bernardone.

– Quem? – perguntou o velho sacerdote. – Você se refere a Francisco?

– Quem mais? – retorquiu o comerciante irritado. – Quero meu filho e quero meu dinheiro, agora!

– Sim, bem... o dinheiro está todo aqui.

A mão trêmula do sacerdote pegou uma sacolinha escondida com cuidado atrás da porta e a entregou ao irritado homem.

– Ele tem boas intenções...

– Guarde suas desculpas para você mesmo, padre! – Bernardone retrucou.

Mais tarde, Francisco entrou de mansinho na igreja de São Damião. O sacerdote lhe contou o que acontecera. Francisco abaixou a cabeça.

– Sinto muito, padre. Não pensei que acabaria assim. Meu pai tem tanto... e dá tão pouco a Deus.

O velho padre colocou a mão no ombro de Francisco.

– Quando você procura seus tesouros nesta terra, é aí que seu coração permanece – disse bondosamente. – É muito mais difícil entender os tesouros do céu, mas "quando um homem encontra aquela pérola única de grande valor, ele vende tudo o que tem para comprá-la".

Francisco entendeu. Deus era aquela pérola de grande valor. Ele buscaria Deus. Desistiria de tudo o que possuía para segui-lo sem restrição. Sim, *de tudo*.

8
Pão, água e "a irmã Cinzas"

– Olhem! Um maluco! Um maluco! – as crianças escarneciam, apontando para uma figura franzina sentada na beira da estrada. A gente da cidade espreitava pelas vitrinas para ver a razão de todo aquele rebuliço. Para muitos, o jovem estranho parecia ser apenas mais um mendigo. Mas um morador idoso que olhara mais de perto não tinha tanta certeza. Ficou ali, coçando a cabeça e cada toque de seus dedos pelos ralos cabelos brancos levava-o mais perto de uma conclusão.

– Parece que o sujeito não dorme há uma semana... rosto pálido, olhos fundos, magro... Mas, se ele não é Francisco Bernardone, esta cidade não é Assis!

Francisco estava de volta! A notícia se espalhou pelo povoado, e logo chegou ao palácio dos Bernardone.

– Meu Francisco, um maluco? – senhor Bernardone repetia, incrédulo. Ele correu até a praça, abrindo caminho através do grupo de crianças.

– Então é verdade! – ele gritou, quando se viu cara a cara com o filho. Agarrando Francisco pelo braço, arrastou-o para casa e jogou-o no porão.

– Fique aí! – o pai gritou com a pouca voz que lhe restava. – E pão e água é tudo que vai receber! – bateu a porta do porão e a trancou. – Isso vai fazê-lo mudar de ideia – disse para si mesmo o homem aturdido. – Toda essa bobagem de rezar, jejuar e fortalecer o espírito... Não consigo acreditar. Ou ele está maluco ou eu que estou! Algum tempo no porão vai lhe fazer bem.

Dias mais tarde, senhor Bernardone viajou a negócios. Francisco ouviu a porta do porão abrir-se. Apertou os olhos contra a luz que vinha da entrada. Dona Pica apressava-se em sua direção com uma bandeja de comida quente.

– É seu jantar favorito, Francisco – ela disse com doçura.

– Cuidado, mãe! E se ele descobre?

– Não se preocupe! Seu pai vai ficar fora vários dias – dona Pica respondeu com um sorriso. – Essa tolice já durou demais – continuou ela, sacudindo a cabeça. – E tudo porque seu pai não entende suas orações e penitências – fez uma pausa. – Mas talvez você possa ceder um pouco, Francisco. Vá a algumas festas e volte a se interessar pela loja.

Francisco sorriu para a mãe. Depois ficou sério:

— Meu caminho agora é seguir Jesus. Nunca se encontra a paz quando se age de acordo com o que as pessoas querem.

Dona Pica não respondeu. Sabia que o filho tinha razão. Fez um gesto em direção à bandeja.

— Coma alguma coisa, Francisco. Você deve estar com fome e a comida está esfriando.

Francisco pegou um pedaço de pão, mergulhou-o na água e salpicou-o com cinzas recolhidas do chão. Dona Pica disse com a voz entrecortada:

— O que você está fazendo?

— É só um pequeno sacrifício – ele explicou. Ajuda-me a crescer no amor de nosso Senhor. "Irmã Cinzas", ajuda-me a manter a mente e o corpo fortes e puros.

Dona Pica percebeu que Francisco tinha mudado. Seu filho mundano, que gostava de diversão, estava agora se transformando naquele "filho de Deus" pelo qual ela tanto rezara. Sentiu um aperto na garganta e seus olhos se encheram de lágrimas.

— Ninguém mais está em casa – ela sussurrou, tomando nas suas as mãos de Francisco. – Saia, enquanto pode. Siga o caminho que Deus escolheu para você e saiba que o coração de sua mãe o seguirá onde quer que você vá.

Francisco não disse nada. Seus olhos a agradeceram. Beijou a mãe suavemente na testa e subiu as escadas para a liberdade.

9
Pai nosso

A "cela" estava vazia quando o senhor Bernardone voltou para casa. Seu plano falhara completamente. Mas sua história com Francisco não acabara. Se o filho não o obedecia, então ele o renegaria. Senhor Bernardone entregou a questão a seus advogados, que convocaram Francisco para comparecer ao tribunal civil. Ali ele seria publicamente deserdado do patrimônio integral dos Bernardone. Francisco não obedeceu à convocação por achar que seu caso tinha a ver com uma questão religiosa, não civil. Então seu pai levou o assunto diretamente ao bispo. Logo depois, pai e filho se encontraram no átrio do bispo. Um grupo de sacerdotes e espectadores reunira-se para ver o resultado.

– Excelência – senhor Bernardone começou –, a vergonhosa conduta deste jovem desonrou nosso nome. A partir deste dia, já não o considero meu filho. Exijo que ele devolva tudo que obteve de mim!

O silêncio era ensurdecedor. Francisco tirou do cinto uma sacolinha de moedas e colocou-a no chão diante do pai. Um murmúrio escandalizado percorreu o grupo quando, em seguida, Francisco começou a tirar toda a roupa, empilhando as peças aos pés do pai.

– Aqui está tudo, pai. Tudo que o senhor me deu, eu devolvo – Francisco olhava todos de frente enquanto falava. – Até hoje chamei Pedro Bernardone de "meu pai" – ele disse em voz alta –, mas de agora em diante, a bem da verdade, só direi: "Pai nosso, que estás no céu".

Muitas pessoas tinham lágrimas nos olhos. O bispo também estava comovido. Mas o senhor Bernardone ficou furioso. Tinha o rosto vermelho e a respiração ofegante. Só conseguia ver o filho como um rebelde. E, de certa maneira, ele tinha razão. Francisco era rebelde, mas não do jeito que seu pai pensava. Sua "rebeldia" era contra o estilo de vida de um mundo que se recusava a prestar atenção a Deus. A arma onipotente dessa reação eram o amor e a dedicação totais e abnegados a Jesus e sua Igreja.

Senhor Bernardone silenciosamente recolheu as roupas e o dinheiro e foi embora. Mas as orações do filho o seguiriam e algum dia ele haveria de entender. O bispo deu um passo à frente e pôs a mão no ombro de Francisco, envolvendo-o com sua capa. O último fio que ligava o jovem a sua vida passada foi cortado.

Por fim, Francisco estava livre. Mas a liberdade que conquistara não era uma coisa egoísta e particular. Ele queria dar tudo que tinha a Deus. Queria ajudar os outros de todas as formas que pudesse. Olhava para o mundo a sua volta e via que muitas coisas não eram do jeito que deveriam ser. Ele queria construir um mundo de bondade. E sabia que Deus o auxiliaria.

Francisco saiu lentamente do átrio. Sentia-se mais forte e feliz, porque aquele dia marcaria o início de uma vida totalmente nova. Ele rezaria intensamente para saber o que Deus lhe reservava.

10
Arauto do Rei

– Quem vem lá?

Os juncos na beira da estrada solitária ganharam vida quando um bando de ladrões pulou detrás deles.

Pare! – gritaram, apontando espadas para Francisco.

– Quem é você? – perguntou o chefe.

– Sou o arauto do Rei, ou seja, seu mensageiro – Francisco respondeu calmamente. – Estou a caminho do povoado de Gubbio. Posso fazer alguma coisa pelo senhor?

Os ladrões trocaram olhares irônicos e riram em silêncio da vítima de aparência estranha. Francisco vestia uma surrada capa de jardineiro. Tinha os cabelos desgrenhados e os pés descalços.

– Arauto do rei, hein? Que tipo de rei faria jus a você? – os bandidos riram ruidosamente. Ao sinal do chefe, quatro deles avançaram. Agarrando as pernas e os braços de Francisco, arremessaram-no sobre um monte de neve. Ainda rindo, foram embora, em busca de "clientes" mais prósperos.

Francisco livrou-se da neve e esfregou energicamente os braços. Cantando, continuou pela estrada. Logo avistou o mosteiro de São Benedito, onde os bondosos monges ofereceram-lhe hospitalidade. Ficou com eles algumas semanas, rezando e meditando, até retomar seu caminho para Gubbio. Ali um amigo deu-lhe uma túnica de eremita,* um cinto de couro, sapatos e um cajado. Francisco passava todo seu tempo de folga servindo aos leprosos no hospital próximo.

Em seguida... volta a Assis e à igreja de São Damião.

---

* Eremita é aquele que vive sozinho em lugar isolado, dedicando-se à oração.

11
Pedras, pelo amor de Deus

"Não tenho dinheiro para mandar construir uma igreja nova aqui", Francisco pensou, "mas quem diz que não posso construí-la eu mesmo? O problema imediato é, onde vou conseguir a argamassa e as pedras?" Ele coçou o queixo. "Bem, se Deus quiser uma igreja nova, ele vai ter de ajudar."

– Pedras! Pedras... pelo amor de Deus! – Francisco bradava, enquanto andava para cima e para baixo pelas ruas de Assis. – Quem me der uma pedra receberá uma recompensa de Deus. Quem me der duas pedras receberá duas recompensas de Deus.

Não havia dúvida de que Francisco sempre possuíra um forte par de pulmões e, mais uma vez, ele os usou para uma boa causa.

Logo se transformou em grande atração, amontoando pedras e misturando cimento com quase tanto suor quanto água. Naturalmente, à medida que trabalhava, também cantava. As pessoas que paravam para admirar o projeto recebiam um amável convite para ajudar. Alguns apenas riam e Francisco ria com eles. Outros se comoviam até as lágrimas ao ver o filho de um rico comerciante em tais condições.

– Pergunte a Francisco se ele quer lhe vender um pouco de suor – disse Ângelo, irmão de Francisco, em tom de deboche para outro garoto.

Ao ouvi-lo, Francisco respondeu alegremente:

– Eu já o vendi, e por um bom preço, para meu Rei.

Ao ver as pedras lentamente reconstruírem sua igreja, o velho sacerdote não sabia o que fazer para demonstrar sua gratidão a Francisco.

– Diga-me se precisa de mais alguma coisa, Francisco, qualquer coisa.

– Agradeço seu interesse, padre, mas o Senhor está cuidando de tudo. É o mínimo que posso fazer por meu Rei.

Finalmente, a obra na igreja de São Damião terminou. Francisco deixou óleo suficiente para manter sempre acesa a lâmpada diante do Santíssimo Sacramento. Então, seguiu em frente para começar a reformar a igreja de São Pedro, não muito longe dali.

"É o mínimo que posso fazer por meu Rei."

12
Para ser apóstolo

A capela de Santa Maria dos Anjos era o próximo projeto de Francisco. Num piscar de olhos, ele lhe devolveu sua antiga beleza.

Certa manhã, na festa de São Mateus, apóstolo e evangelista, a missa começou como de costume na capela. O Evangelho do dia era tirado de São Mateus. O sacerdote leu devagar e com voz clara: "Jesus enviou estes doze, com as seguintes recomendações: [...] 'No vosso caminho, proclamai: *O Reino dos Céus está próximo!* Curai doentes, ressuscitai mortos, purificai leprosos, expulsai demônios. De graça recebestes, de graça deveis dar! Não leveis ouro, nem prata, nem dinheiro à cintura; nem sacola para o caminho, nem túnicas, nem sandálias, nem bastão, pois o trabalhador tem direito a seu sustento. Em qualquer cidade ou povoado em que entrardes, procurai saber quem ali é digno e permanecei com ele até a vossa partida. Ao entrardes na casa, saudai-a: se a casa for digna, desça sobre ela a vossa paz; se ela não for digna, volte para vós a vossa paz'" (Mt 10,5-13).

Aquela manhã, o Evangelho tocou Francisco de modo especial. Ele tinha certeza de que Deus falara especialmente para ele, por meio das palavras inspiradas de Mateus.

Assim que a missa acabou, ele pediu ao sacerdote para lhe explicar a leitura, palavra por palavra.

– Não deve haver meio-termo com Deus – disse o sacerdote. – Seu servo precisa ser pobre de espírito e de bens. Quem quer realmente seguir Jesus tem de pregar a Boa-Nova a todos e vivê-la bem ele próprio.

– É isso que eu quero! – Francisco exclamou arrebatado. – É exatamente o que quero fazer com minha vida!

O sacerdote ficou impressionado com sua sinceridade e o abençoou.

Francisco trocou seu manto de eremita por uma túnica cinzenta, semelhante às usadas por camponeses, e seu cinto de couro por um cordão. Tirou os sapatos e largou o cajado, e andava de cidade em cidade pregando a respeito de Jesus para quem quisesse ouvir.

Francisco, arauto de Deus e construtor de igrejas, era agora Francisco, o apóstolo.

13
Irmãos em Cristo

"E se essa for apenas mais uma das ideias malucas de Francisco? Ele tem tido tantas." Bernardo de Quintavalle sentou-se para pensar. Colocou os cotovelos firmemente na mesa e esfregou as têmporas com as mãos.

Multidões afluíam para ouvir Francisco pregar. E muitos eram atraídos para mais perto de Deus por seu bom exemplo. Outros jovens, que viram sua transformação, estavam agora realmente interessados no que ele tinha a dizer. A verdade era que Francisco estava mesmo mantendo a rigorosa vida religiosa que planejara para si. Bernardo meditava a respeito disso tudo.

Francisco não era um grande orador. Mas alguma coisa atraía as pessoas para ele. Havia um mistério a sua volta que alguns chamavam de "loucura". Embora sua expressão tranquila ocultasse o fogo que lhe ardia na alma, seus olhos misteriosos penetravam no coração de todos que o encontravam. "O Senhor lhe conceda a paz", era sempre sua saudação. Seu único desejo era partilhar a graça e a paz de Jesus com o mundo todo. Francisco queria amar Jesus e fazer com que Jesus fosse amado.

"Restaure minha casa", Jesus lhe dissera. Agora Francisco sabia o que Jesus queria dizer: "Ajude as pessoas a me acolherem no coração".

Bernardo estava absorto em seus pensamentos. "Talvez Francisco esteja no caminho certo. Será que Deus está me chamando para a mesma vida?" O jovem fidalgo rezou pedindo orientação. Na verdade, o modo de vida de Francisco encontrava-se no Evangelho, mas Bernardo precisava ter realmente certeza antes de dar um passo decisivo. Ele simplesmente precisava ter certeza. De repente, ocorreu-lhe uma ideia: "É isso!", pensou. "Descobrirei como ele é realmente."

Bernardo encontrou Francisco no fim de um dia de pregação.

– Francisco, você me daria a honra de passar esta noite em minha casa? – Bernardo perguntou.

– Certamente! – Francisco aceitou com um sorriso. – Será ótimo passar algum tempo com um velho amigo.

Os dois conversaram até as primeiras horas da madrugada. Quando finalmente foram para a cama, ambos só fingiram dormir. Francisco abriu um olho, depois o outro. Quando pareceu que

Bernardo estava dormindo profundamente, Francisco saiu da cama de mansinho e começou a rezar. Rezou a madrugada toda, e só voltou para debaixo do cobertor pouco antes de o sol nascer. Ele não sabia que Bernardo também não tinha dormido. Pelo canto do olho, ele vigiara cada movimento de Francisco. Agora Bernardo estava convencido de que seu amigo era sincero. E também estava decidido a segui-lo. Mais tarde naquela manhã, Bernardo perguntou:

– Francisco, se um homem recebesse muitos bens de seu mestre e então decidisse que não os queria, o que ele deveria fazer?

– Devolvê-los, com certeza – foi a pronta resposta.

O rosto sorridente de Bernardo ficou sério.

– Francisco, quero devolver a Deus todos os bens que ele me deu. O que devo fazer?

Francisco pensou um pouco. Pôs a mão no ombro do amigo.

– Amanhã iremos à igreja juntos e descobriremos a resposta de sua pergunta.

14
Uma regra

*A*ntes de terminar aquele dia, um talentoso advogado, Pedro Catanii, juntou-se aos dois. Na manhã seguinte, os três ajoelharam-se diante do altar da igreja de São Nicolau, perto da praça da cidade. Francisco abriu o grande missal que continha os quatro Evangelhos. Leu a primeira passagem que encontrou. Tratava-se de Jesus falando aos apóstolos: "Se queres ser perfeito, vai, vende os teus bens, dá o dinheiro aos pobres, e terás um tesouro no céu" (Mt 19,21).

Abriu o livro uma segunda vez e de novo leu a primeira passagem em que seus olhos caíram: "Se alguém quer vir após mim, renuncie a si mesmo, tome sua cruz e siga-me" (Mt 16,24; Mc 8,34; Lc 9,23).

Uma terceira vez Francisco abriu o livro e leu: "Mandou que não levassem nada pelo caminho..." (Mc 6,8).

Francisco ergueu os olhos.

– Irmãos – disse ele –, eis nossa regra. Precisamos agora fazer o que ouvimos.

Assim que saíram da igreja, Bernardo e Pedro voltaram para casa, juntaram tudo que possuíam e deram aos pobres. Então seguiram até a capela de Santa Maria dos Anjos, onde encontraram Francisco. Juntos, construíram seu primeiro lar, uma cabana de barro. Chamavam a si mesmos "Irmãozinhos". (Outra palavra comum para "irmão", naquele tempo, era "frade".) Padre Francisco, como os irmãos passaram a chamá-lo, era líder e pai deles. Foi o início do que viria a ser conhecido através dos séculos como Ordem Franciscana.

15
Um a um

– $\mathcal{E}$u vi com meus próprios olhos... bem ali nos degraus da igreja! Bernardo e Pedro desfizeram-se de tudo que possuíam!

A fofoca espalhou-se ruidosamente ao redor da fogueira crepitante na praça. Quando deixou tudo para seguir Jesus, Francisco fora o assunto do povoado durante semanas. Agora, cerca de dois anos e meio depois, dois outros cidadãos proeminentes haviam-se juntado a ele. O que estava acontecendo?

– Isso não é nada – falou outro. – Ouvi dizer que eles vivem em uma cabana perto da igreja de Santa Maria.

Todo mundo estava inconformado. Houve uma pausa silenciosa. Então uma senhora tomou a palavra.

– Eu estava lá há vinte e sete anos quando Francisco nasceu. Um estranho veio até a porta e disse a dona Pica para ir ao estábulo, ou a criança não nasceria.

No meio do grupo alguns se esforçavam para ouvir o que a velha tinha a dizer.

– Foi como o primeiro Natal em Belém – continuou ela. – Naquele dia, percebi que Deus tinha planos especiais para aquela criança. Talvez aqueles homens não sejam tão malucos quanto vocês pensam.

Os que a ouviam não se convenceram facilmente.

– Sem casa, sem comida, sem dinheiro, e você diz que eles não são malucos?

A senhora manteve sua opinião.

– Eles têm a coragem de dar tudo a Deus. Têm paz e alegria, e as bênçãos do Senhor. Digo que são mais sábios e mais ricos que muitos de nós.

Lá atrás, um jovem ouvinte, silencioso e atento, registrava na memória a conversa toda. A velha tinha razão. Francisco tinha razão. Depois de uma noite insone, esse mesmo jovem partiu para a igreja de Santa Maria. Ao se aproximar, viu, a distância, uma figura conhecida com uma veste cinzenta.

– Francisco! – ele chamou, correndo para alcançá-lo. – Francisco, espere!

Francisco parou e acenou.

– Padre Francisco – o jovem disse com a voz ofegante, quando o alcançou. – Meu nome... meu nome é Giles. De todo meu coração... quero servir a Deus. Por favor... deixe-me ser um... de seus irmãos.

A simplicidade e a sinceridade de Giles impressionaram Francisco.

– Deus tem sido muito bom para você, meu irmão – ele disse com um sorriso. – Vamos dar graças juntos.

Francisco e Giles voltaram à cabana, onde os irmãos Pedro e Bernardo estavam atarefados com os serviços domésticos.

– Bernardo! Pedro! Tenho boas notícias – Francisco estava parado à porta com Giles atrás dele.

– O quê, padre Francisco? – eles perguntaram, curiosos.

Pondo-se de lado, Francisco puxou Giles para perto de si.

– Deus nos abençoou com Giles, outro irmão para compartilhar nossa alegria e nosso trabalho.

– Bem-vindo, Giles! – Pedro gritou, entusiasmado.

– Estamos contentes por você ter vindo! – Bernardo reforçou.

Giles sentiu-se em casa. Um a um, muitos outros jovens logo o seguiriam.

16
Oração, penitência, pregação

"Somos homens de Assis, que levamos uma vida de oração, alegria e penitência" era a resposta que os irmãos davam a quem quer que lhes perguntasse a respeito de sua vida. Assim como Jesus enviara os apóstolos, Francisco e seus seguidores saíam dois a dois para pregar o Evangelho nas cidades e nos povoados vizinhos. Algumas pessoas os recebiam bem, outras não. Mas nada desanimava Francisco e os irmãos, que haviam assimilado seu espírito alegre. Tudo que eles queriam era amar Jesus e fazê-lo amado.

Mais homens vieram juntar-se aos "Irmãozinhos". Sabbatino, Morico e João eram três deles. Antes de saírem em suas viagens missionárias, Francisco reunia todos os irmãos. Incentivava-os, lembrando-lhes de coisas que Jesus dissera nos Evangelhos.

– Sejam pacientes e humildes, irmãos. Preguem a Boa-Nova de Jesus a todos. Fiquem algum tempo no lugar para onde são enviados e aceitem tudo o que lhes derem.

No final de seu pequeno discurso, Francisco alegremente os recordava:

– E alegrem-se, pois seus nomes estão escritos no céu.

Os Irmãozinhos imitavam os primeiros apóstolos de Jesus. Antes de tudo, eles rezavam. De sua comunicação com Deus, recebiam a graça e a ajuda de que precisavam para sair e levar Jesus aos outros. Deus enviou mais homens para juntarem-se a eles: irmãos Filipe, João, Bárbaro, Bernardo de Vigilanijo e Ângelo. Logo eles eram doze, exatamente como os apóstolos originais. A cabana que chamavam de lar era agora pequena demais. Eles acharam um galpão em um lugar chamado Rio Torto, que passou a ser seu novo "mosteiro". Não era um grande progresso, mas pelo menos eles estavam todos juntos.

– Eis seu quarto, Pedro. E o seu será aqui, Bárbaro – Francisco sorria enquanto marcava cada "quarto" com uma simples linha desenhada no chão. Nas doze vigas que sustentavam o galpão, ele escreveu os nomes de cada um dos irmãos para indicar seus aposentos.

Os Irmãozinhos eram vistos onde quer que fosse necessário ajuda: trabalhavam em hospitais, cuidavam de leprosos e levavam a vida dos pobres de Deus. Eram pagos com o pão que comiam, mas, quando até o pão era escasso, as raízes de ervas e capim serviam do mesmo jeito. Toda noite o som dos irmãos entoando seus alegres louvores a Deus ecoava para fora do humilde galpão, chegava até o povoado e tocava o coração de todos que o ouviam.

À medida que mais homens se juntavam a eles, Francisco começou a perceber que uma nova congregação religiosa* se formava ao redor dele. Decidiu que não dariam nem mais um passo sem primeiro obter a bênção do Papa. Reuniu os irmãos.

– Vamos fazer uma peregrinação a Roma – anunciou. – Ali rezaremos nos túmulos de Pedro e Paulo, os grandes apóstolos, e pediremos a permissão do Santo Padre para pregar e continuar nossa vida de oração e penitência.

Com grande alvoroço, os irmãos saíram de Rio Torto em direção a Roma. As horas da longa viagem passaram-se rapidamente enquanto eles rezavam, cantavam e descansavam juntos. Era o ano de 1210. Francisco tinha 28 anos.

---

* Congregação religiosa é um grupo de homens ou mulheres que se consagram ou se dedicam a Deus pelos votos (ou promessas especiais) de pobreza, castidade e obediência que fazem. Essas pessoas vivem juntas e realizam alguma forma de serviço para o povo de Deus. Alguns exemplos desse serviço incluem orar, dispensar cuidados aos doentes e aos pobres, lecionar, difundir o Evangelho e cuidar dos idosos.

17
A vontade de Deus

Um pequeno grupo de homens, vestidos com surradas túnicas cinzentas, aproximou-se da Cidade Eterna.

– Quem são eles? – murmuravam os transeuntes que paravam e olhavam com espanto para o grupo incomum. Acostumados a todo tipo de reação das pessoas, os irmãos continuavam tranquilamente seu caminho.

Depois de uma visita aos túmulos dos apóstolos São Pedro e São Paulo, eles encontraram inesperadamente o bispo Guido de Assis que, por acaso, estava em Roma. O bispo ficou surpreso ao ver os Irmãozinhos. Ao descobrir a razão de sua peregrinação, ele providenciou o encontro deles com o cardeal João de São Paulo, que saberia como tornar possível uma visita ao Santo Padre.

A reação do cardeal foi igual à do povo romano; ele não sabia exatamente o que deduzir do bando descalço. "Eles realmente parecem mais mendigos que irmãos da Igreja", pensou.

– Voltem amanhã – disse o desnorteado cardeal. Ele precisava de tempo para saber mais sobre essa nova comunidade.

É fácil entender a reação do cardeal. Os tempos andavam muito agitados. Algumas pessoas ressentiam-se com a autoridade, até mesmo a autoridade do Papa. Alguns sacerdotes também estavam envolvidos em assuntos mundanos, e a fé do povo de Cristo sofria.

O Cardeal João tamborilou com os dedos na mesa.

"Como o homenzinho de Assis se encaixa em tudo isso?" – ele resmungou para si mesmo. "É o que quero saber."

– Mas Bispo Guido – o tom do cardeal era de sarcasmo –, pobreza absoluta e a missão de pregar, juntas? O homem é maluco. Monges adotam a pobreza e padres pregam... Um só homem não pode fazer as duas coisas! Se eles vão pregar, precisarão de apoio financeiro e...

Bispo Guido interrompeu:

– Asseguro-lhe, Eminência, que o modo de vida de Francisco dará resultado. Ele é sincero e fiel à Igreja e ao Santo Padre. Tudo que quer é guiar o mundo para Deus. Fale com ele. Verifique o senhor mesmo.

Mandaram Francisco e seus irmãos voltarem ao escritório.

– Pobreza e pregação? É idealista demais – argumentou o Cardeal João, enquanto andava de um lado para o outro. – Como vocês planejam se manter?

– A vida que buscamos está escrita no Evangelho, Eminência – Francisco respondeu respeitosamente. – Se os apóstolos puderam vivê-la, creio que Deus nos dará a mesma graça. Ele até nos enviou irmãos.

O cardeal ficou calado. "Sim... é verdade", pensou. "Este jovem tem a coragem e a devoção para *realmente* viver o Evangelho". Ele colocou a mão no ombro de Francisco.

– Deus o abençoe, irmão Francisco. Farei o que puder. Arranjarei um encontro com Sua Santidade.

Francisco e seus irmãos voltaram aos túmulos dos Santos Pedro e Paulo. Rezaram e esperaram....

No dia seguinte, compareceram ao lugar marcado. Mais uma vez aguardaram. O tempo nunca passara tão devagar. Finalmente a porta se abriu.

– Sua Santidade vai recebê-los agora – anunciou um sacerdote.

Os irmãos passaram pela grande porta em fila, com Francisco à frente. Viram-se em um grande salão. Quando Francisco vislumbrou o Papa a apenas uma curta distância, seus pés pararam de repente. Subitamente ele se deu conta de que estavam realmente ali.

– Venham – o Santo Padre convidou com um sorriso. – O que é que vocês querem?

O Papa Inocêncio III ouviu atentamente Francisco explicar seu modo de vida. O Papa parecia estar imerso em seus pensamentos e nada disse durante bastante tempo. Por fim levantou os olhos.

– Meu filho – disse afavelmente –, receio que sua vida seja austera demais. Estou convencido de sua boa vontade e seu espírito forte, mas que me diz dos que o seguirem no futuro?

Francisco fixou o olhar no grande crucifixo de madeira pendurado na parede.

– Sua Santidade – respondeu com humildade –, conto com meu Senhor Jesus Cristo. Ele, o Criador do céu e da terra, vai nos dar o que precisarmos. Ele mesmo disse: "Buscai em primeiro lugar o Reino do céu e tudo o mais vos será dado por acréscimo".

Um sorriso paternal iluminou o rosto do Papa.

– Sim, e ele também disse: "O espírito está pronto, mas a carne é fraca". Portanto, reze para saber até onde Deus quer que você siga nesse caminho.

O encontro terminara. Francisco e seus irmãos foram embora... para rezar....

18
Um sonho?

O Papa tinha os dias completamente tomados por todos os assuntos usuais da Igreja. Mas a certa altura o sacerdote, que era seu assistente, notou que o Santo Padre não parecia bem.

– Sua Santidade, posso ajudá-lo de alguma maneira? – perguntou o assistente.

– Não, não, padre – o Papa respondeu com um leve sorriso. – Só estou cansado. Fiquei acordado metade da noite. Eu não parava de ter o mesmo sonho repetidamente e toda vez o sonho me acordava.

O rosto do Papa ficou preocupado quando reviveu o sonho.

– Eu via uma igreja balançando. Alguns tijolos até começaram a cair. Eu me via muito triste com o problema de heresia, em que muitos negavam a verdade da fé católica. Então, eu chorava, enquanto olhava para os semblantes confusos de muitos membros do povo de Deus – o Papa parou e pôs a cabeça entre as mãos.

– E então? – o sacerdote encorajou-o delicadamente.

– Então, exatamente quando a igreja toda estava prestes a desmoronar, um homenzinho vinha até ela. Fazendo o sinal da cruz e escorando a fachada da igreja com o ombro, ele a impedia de cair.

– O sonho terminava bem, Sua Santidade – o sacerdote o animou.

O Papa pareceu não ouvi-lo.

– Aquele rosto – murmurou –, o rosto do homenzinho. Eu já o vi antes, mas onde? – ele olhou para o relógio na parede.

– Quantas audiências ainda estão agendadas, padre?

– Só uma, Sua Santidade, aquela com o homem de Assis.

– Quem?

– O senhor se lembra, irmão Francisco e seus seguidores.

– Oh, sim, lembro vagamente. Mande-os entrar.

Quando Francisco e os irmãos entraram no salão, o Papa Inocêncio levantou-se surpreso.

– Alguma coisa está errada, Sua Santidade? – o assistente perguntou.

– É o homenzinho!

– Perdão? – respondeu o atônito sacerdote.

– É esse o homem! – o Papa continuou.

– Sim, o homem de Assis, Sua Santidade – repetiu o confuso assistente.

– É o homem que impedia a igreja de cair no meu sonho.

O Papa não esperou os irmãos se aproximarem dele, mas atravessou rapidamente o grande salão e encontrou-os a meio caminho. Nem por um minuto ele tirou os olhos do rosto sereno do jovem que liderava o grupo.

– Sua Santidade – Francisco começou humildemente –, Deus deu me estes irmãos para seguir o caminho de penitência e oração revelado a nós no Evangelho. Deus, que tanto tem abençoado nossa comunidade, se recusará a nos dar o que precisamos espiritual e materialmente?

Os olhos do Papa encheram-se de lágrimas. Um pensamento passou-lhe pela mente. "Este homem vai restaurar a Igreja!"

O Santo Padre abraçou Francisco.

– Vai, meu filho, com seus bons irmãos – disse ele calmamente. – Deus esteja com vocês. Preguem o Evangelho e continuem sua vida de pobreza. Quando Deus os abençoar com mais irmãos, voltem e nós os ajudaremos a continuar a seguir os caminhos que o Senhor traçará para vocês. Têm nossa permissão e nossa bênção.

19
Com a alma alegre

Os Irmãozinhos voltaram alegremente a Assis, porém descobriram que estavam sem lar! Um fazendeiro reivindicara o barracão em Rio Torto como sua propriedade. Com seu costumeiro otimismo, Francisco virou o problema de cabeça para baixo.

– Como Deus é bondoso! – exclamou para os irmãos. – Nossa casa era pequena demais, por isso ele a tomou. Agora, nosso bom Pai nos dará alguma coisa ainda melhor.

E ele estava certo. Os monges beneditinos ofereceram ao pequeno grupo uma casa maior perto da capela de Santa Maria dos Anjos, e os irmãos a aceitaram com prazer. Entretanto, Francisco insistiu em dar aos monges uma cesta de peixe por ano para pagar o aluguel. Dessa maneira, os irmãos não seriam donos de nenhuma propriedade e teriam de contar apenas com Deus para prover-lhes a subsistência.

Foram tempos admiráveis para Francisco, dias felizes, quando ele e os irmãos seguiam estritamente o caminho traçado no Evangelho. Mais homens continuaram a juntar-se a eles – irmãos Rufino, Masseo, Junípero e Leão –, todos ansiosos para seguir Jesus como Francisco o fazia. E Francisco era bom pai para seus filhos espirituais.

Uma noite, a comunidade foi despertada subitamente por lamentos em voz alta:

– Estou doente! Estou morrendo!

Francisco pulou do catre. Levando uma vela, andou pelo dormitório em busca do irmão doente. Seguindo o som dos gritos, ele encontrou um dos recém-chegados sentado na beira da cama repetindo sem parar:

– Estou morrendo! Estou morrendo!

– Que foi, irmão? – Francisco perguntou apreensivo, colocando a mão na testa do jovem. – De que você está morrendo?

– De fome! – foi a resposta aos brados.

Francisco mordeu o lábio para esconder um sorriso:

– Então venha comigo. Vamos comer alguma coisa.

Todos os irmãos, despertados pelo rebuliço, juntaram-se a Francisco e ao irmão faminto em um lanche à meia-noite. Naquela noite eles compartilharam não só comida, mas também uma boa risada.

Francisco encerrou o episódio com um conselho generoso:

– Meus irmãos, Deus não espera coisas impossíveis de nós – ele sorriu para o jovem irmão que provocara a agitação. – Quando temos fome, ele quer que comamos. Sempre façam o melhor que puderem e fiquem em paz. O Senhor cuidará do resto.

Em uma outra ocasião, quando alguns dos irmãos se sentiam desanimados, Francisco pegou dois gravetos do chão e fingiu tocar violino. Cantou e dançou até todos estourarem de rir com seu espetáculo. Ele riu junto com eles:

– A moral desta história, bons irmãos, é nunca desanimar. Não há problema que não possa ser superado com oração, obediência e espírito de alegria!

Quando não estava rezando, Francisco estava pregando. Suas palavras eram sempre simples, de modo que ninguém tinha problema para entender sua mensagem a respeito de Jesus. Quando ia a uma igreja para pregar, ele costumava levar uma vassoura. Antes de iniciar o sermão, ele abria as portas e energicamente varria o lugar.

– O que você está fazendo? – muitos perguntavam, surpresos.

Com um sorriso, Francisco respondia:

– A casa de Deus precisa ser mantida arrumada e limpa. Jesus mora aqui e não devemos negligenciá-lo nunca!

As pessoas começaram a ficar cismadas com Francisco.

– Talvez ele seja um santo – algumas chegaram a dizer.

Cada vez mais leigos – membros da Igreja Católica que não são sacerdote, diácono, nem irmã ou irmão religioso – queriam seguir seu modo de vida. Francisco escreveu uma Regra especial que os ajudaria a viver o Evangelho mais plenamente como casados ou solteiros. Era o início da Ordem Franciscana Secular ou "Ordem Terceira", como era chamada naquele tempo.

E as mulheres que queriam ser irmãs e seguir o modo de vida de Francisco? Deus tinha um plano para elas também...

20
A revolução continua...

– *V*ou seguir Jesus do jeito que Francisco o segue – a jovem disse com determinação.

– Mas Clara, o que sua família dirá? – chocada, a moça mais velha perguntou. – O que seu tio fará?

– Pacífica, você é minha amiga há bastante tempo – Clara riu, enquanto caminhavam. – Sabe exatamente qual será a reação dos Offreduccio. Mamãe acabará entendendo. Tio Monaldo e os outros acharão que estou louca, como dizem que o irmão Francisco está – Clara parou de repente e olhou para a igreja que ficara para trás. – Depois de o ouvir pregar mais uma vez hoje, eu *sei* que Jesus me chama para viver como vivem Francisco e seus irmãos.

Para a bela Clara, de dezoito anos, não importava pertencer a uma das mais ricas famílias de Assis. Não importava que todos esperassem que se casasse com algum membro de outra família rica e nobre. Ela já vendera toda a sua herança e dera o dinheiro aos pobres. O único com quem queria se casar era Jesus – o Senhor dos senhores e Rei dos reis. E finalmente ia fazer isso!

No domingo de Ramos do ano 1212, tarde da noite, Clara fugiu pela porta dos fundos da mansão. Ela nunca mais voltaria. Na rua, encontrou Pacífica, como tinham combinado. Juntas, as duas se apressaram colina abaixo e pela mata escura até a capela de Santa Maria dos Anjos. Francisco e os irmãos as esperavam.

Francisco ficou diante do altar.

– Clara, você deseja entregar a si mesma e tudo que possui a Jesus?

– Sim! De todo o meu coração! – Clara respondeu em voz clara e sonora. Ela ajoelhou-se e começou a tirar suas joias reluzentes, jogando-as uma a uma na pequena bolsa que um irmão segurava. Seu longo cabelo loiro brilhava como ouro contra seu requintado vestido escarlate. A luz das tochas iluminava-lhe o rosto voltado para o alto.

Outro irmão entregou a Francisco um par de tesouras. Na capela silenciosa ressoou o som de tesouradas, enquanto cachos de cabelo caíam sem ruído no chão de pedra. Em seguida, Francisco entregou a Clara uma áspera túnica cinzenta, uma corda atada com nós e um véu preto. Ela foi até uma cabana próxima para vesti-los. Alguns minutos depois, reapareceu. Estava descalça e vestia o

Os cachos loiros de Clara caíam sem ruído
no chão de pedra.

novo hábito – o sinal de que trocara para sempre todas as riquezas e honras pelo amor de Jesus. Seu sorriso era radiante. Ela nunca parecera mais bela.

Estava feito. A Segunda Ordem de Francisco fora fundada. Pouco mais de duas semanas depois, a irmã mais nova de Clara, Catarina, a partir de então conhecida como Inês, foi a segunda a entrar para a nova Ordem. Mais tarde, a irmã caçula delas, Beatriz, também as seguiu. O mesmo fez sua mãe, Hortolana. Pouco a pouco, outras mulheres vieram do mesmo modo. Muitas eram nobres; outras, apenas camponesas. Contudo, todas viviam e rezavam alegremente, e faziam penitência juntas como irmãs de verdade, seguindo a Regra que Francisco escrevera para elas. Chamavam a si mesmas "damas pobres" e moravam no convento de São Damião, que Francisco e os irmãos haviam reformado para elas.

A singela revolução que Francisco começara estava ganhando força...

21
Dose dupla

– Todo mundo para baixo! – os gritos do capitão mal eram audíveis acima dos ventos devastadores e das ondas ameaçadoras. – Abaixem as velas!

O capitão fez sinal para um dos marujos:

– Desça e cuide daqueles dois irmãos. Eles não estão acostumados ao mar, muito menos a uma tempestade como esta.

O imediato já estava descendo pela estreita escotilha, quando o capitão gritou-lhe:

– E diga para eles rezarem!

O corredor embolorado estava iluminado por uma vela bruxuleante. A porta do camarote dos irmãos batia com violência, enquanto as ondas faziam o navio sacudir.

– Irmãos! – o marujo gritou. – Tudo bem com vocês aí?

A porta do camarote parou de bater, quando uma pequena figura agarrou-se a ela para se equilibrar.

– Sim, senhor – Francisco respondeu. – Podemos ajudar em alguma coisa?

– O capitão disse para rezar... Encontramos um vendaval desfavorável.

A resposta de Francisco foi abafada por um forte estrondo de água contra o casco do navio. O solavanco jogou todos ao chão.

Enquanto lutava para se erguer, o marujo bradou de novo:

– Rezem, irmãos!

E como eles rezaram! A tempestade continuou durante todo o dia. Anoiteceu e a situação piorou. A água penetrava pelas laterais do navio. De madrugada, houve um grande estrondo e o navio parou de repente. Ouviu-se o apito agudo do capitão vindo do convés. Isso significava calamidade! Quando os irmãos escutaram o estalo de madeira e o ímpeto das águas, perceberam que seus piores temores tinham-se tornado realidade... A água estava entrando no navio prestes a afundar.

Francisco e os companheiros correram para o convés. O navio estava preso em um rochedo gigantesco. Mas eles sabiam que suas orações haviam sido atendidas, porque ali, a apenas uns trezentos metros de distância, eles avistaram terra!

Assim terminou a tentativa de levar sua missão à Síria. Irmão Francisco e seu companheiro viram-se na Eslavônia — região da Croácia que, na época, pertencia ao Reino da Hungria –, sem comida, sem dinheiro e sem nenhum meio de comunicação. Os irmãos não falavam a língua eslava e os eslavos não falavam italiano.

Mas Francisco estava sempre pronto para rezar, e parecia que Deus estava sempre pronto a atendê-lo. Na cidade, eles encontraram um marinheiro que concordou em embarcá-los clandestinamente em outro navio que se dirigia à Itália.

Os irmãos foram escondidos em uma pequena área atrás do depósito. Estava longe de ser confortável, mas isso não importava. Eles tinham conseguido pão suficiente para a viagem. Tudo corria bem, até que uma noite ouviram o som conhecido de ventos uivantes, chuva forte e mares agitados. O irmão mais jovem estava lívido de medo quando se voltou para Francisco.

– Será possível que está acontecendo tudo outra vez? – perguntou com voz entrecortada.

Francisco fingiu não entender.

– A Deus tudo é possível – respondeu calmamente. – Precisamos ter fé.

– Desculpe, padre Francisco – o companheiro sussurrou. – Sei que Deus nos libertou uma vez. E sei que ele pode fazê-lo novamente.

Pouco tempo depois os passageiros clandestinos foram descobertos.

– Olhem aqui, homens! – um marujo falou fazendo troça. – Carga extra!

– Já estamos milhas fora da rota e nossas rações estão acabando.... Vamos jogá-los ao mar! Serão dois a menos para alimentar – outro tripulante gritou.

Francisco pensou rápido:

– Irmãos marinheiros – disse com calma –, Deus é nosso bom Pai. Ele dará o pão nosso de cada dia. Só temos de pedir a ele. Vejam, eis alguns pães que trouxemos para a viagem. Vamos reparti-los com vocês.

Os marujos riram da ideia de alguns pães alimentarem a tripulação toda. Mas ficaram comovidos com a sinceridade dos irmãos e decidiram mantê-los a bordo. A viagem continuou em segurança. Aquele pouquinho de pão *nunca se acabou*.

22
Irmãs Aves e irmão Lobo

A viagem fracassada provocou sérias dúvidas em Francisco. Seria esse o modo de Deus lhe dizer que deveria tornar-se monge em vez de missionário pregador? Francisco tinha de descobrir.

– Irmão Masseo – ele ordenou –, vá perguntar à irmã Clara e ao irmão Silvestre o que eles acham que Deus quer que eu faça – Francisco sabia que Clara e Silvestre eram próximos a Deus. Ele confiava em seus conselhos.

Logo Masseo voltou.

– Masseo, o que Deus quer de mim? – Francisco perguntou, ansioso.

– Padre Francisco, irmão Silvestre e irmã Clara deram-me a mesma resposta: "Deus não o chamou só para si mesmo, mas também para os outros. Continue a pregar".

– Bem, Masseo, então vamos – veio a resposta espontânea. Levando consigo os irmãos Masseo e Ângelo, Francisco pôs-se a caminho.

– Esperem-me aqui! – ordenou Francisco.

Os dois frades ficaram atentos, enquanto o mestre se aproximou da mata. Sua figura pequena tornou-se menor ao lado das altas árvores. Erguendo os braços como se fosse abraçar a floresta, ele bradou:

– Aves, minhas irmãs! Sejam gratas a Deus e o louvem!

De repente, centenas de aves, formando um deslumbrante cortejo de cores, começaram a se aproximar de Francisco. Elas pousavam-lhe nos ombros, nos braços, nas palmas das mãos e até no capuz de seu surrado hábito cinzento. Estranhamente, as avezinhas permaneceram silenciosas e quietas. Francisco continuou a lhes falar:

– Sejam gratas, irmãs Aves, pois vocês não semeiam nem colhem, mas Deus as alimenta. Vejam como vocês voam livremente, como cantam docemente, como são belas suas plumagens coloridas. Seu Criador lhes deu esses atributos. Louvem a Deus. Sejam gratas pelas altas árvores nas quais vocês constroem seus ninhos. Amem o bondoso Senhor e sejam sempre agradecidas por suas dádivas.

As aves arrulharam e bateram as asas como se respondessem "Sim". Pareciam entender cada palavra que Francisco dizia.

Francisco via a mão de Deus Criador em tudo, e seu grande amor pelo Pai celeste transbordava para todas as criaturas de Deus. Considerava todos e tudo parte da magnífica família de Deus. Por isso, ele podia realmente chamar todas as criaturas de "irmãos" ou "irmãs".

Também contam uma história a respeito da cidade de Gubbio. Certa vez, um grupo de ansiosos cidadãos dessa região convocou Francisco e pediu-lhe ajuda, quando um lobo atacou o povoado. O animal selvagem estava destruindo rebanhos e pondo em perigo a vida das pessoas. Nem mesmo o mais corajoso agricultor ousava aproximar-se do lobo. Descalço, o pequeno Francisco foi sozinho até a beira da floresta. Fisionomias preocupadas espreitavam pelas janelas; corações alvoroçados batiam forte e rápido. De repente, Francisco parou. Com calma e firmeza, ele chamou:

– Irmão Lobo! Venha cá!

O grande animal cinzento aproximou-se furtivamente.

– Irmão Lobo! – Francisco o repreendeu. – Tenho ouvido muitas reclamações a seu respeito. Dizem-me que você anda matando os rebanhos do povoado e assustando todo mundo. Deus fez o bastante para todos compartilharmos. Não há razão para você pegar o que Deus providenciou para os outros.

O lobo inclinou a cabeça.

– De agora em diante – Francisco continuou –, você deve ir de porta em porta. Prometo-lhe que, se você fizer o que eu digo, os habitantes do povoado o alimentarão.

Desde esse dia, como Francisco o aconselhara, o lobo passou a "mendigar" seu jantar e a paz voltou à cidade de Gubbio.

23
"Segundo" Natal

*V*entos fortes faziam girar as camadas de neve fresca e macia e um cintilante amontoado de estrelas iluminava o céu aveludado que cobria a cidade de Greccio. Tudo estava calmo e sereno. Era a véspera do Natal de 1223.

Enquanto as velas das casas do povoado lançavam seus reflexos bruxuleantes, uma luz solitária brilhava no alto da montanha. Francisco e os irmãos preparavam-se para a Missa do Galo. O cenário era uma gruta "emprestada" para a ocasião por um abastado proprietário de terras, João Vellita. O senhor Vellita em pessoa estava presente. Francisco escolhera o lugar com cuidado. Ele achava a gruta muito parecida com aquela em que Maria e José haviam ficado, cerca de mil e duzentos anos antes.

Mais cedo, naquele mesmo dia, os irmãos tinham trazido um boi e um jumento e colocado um pouco de feno debaixo do pequeno e simples altar da gruta. Houve quem perguntasse por que celebrar a missa de Natal com animais, em uma gruta fria e úmida.

– Quero ver com meus próprios olhos a pobreza em que Cristo, nosso Rei, nasceu – Francisco respondeu com seu jeito tranquilo.

Todos os presentes tinham nas mãos tochas acesas em honra ao Menino Jesus. Finalmente a missa começou. No mesmo instante, aconteceu uma coisa estranha e maravilhosa. Incrédulo, o senhor Vellita olhou fixamente e depois se voltou para os outros, a fim de descobrir se viam o que ele via. A expressão no rosto deles indicava que sim! Ali, no feno debaixo do altar improvisado, vivia e respirava o Menino Jesus! Quando o grupo ajoelhou-se atordoado e em silêncio, Francisco deu poucos passos até a entrada da gruta. Ajoelhando-se reverentemente, ele sussurrou:

– Você está realmente aí? É realmente você? – Francisco sorriu ternamente para o pequenino bebê. E o bebê sorriu de volta. Nenhuma dúvida restou no coração do frade. Era Jesus! Francisco ergueu o menino e o segurou nos braços, e parecia que todo o seu ser resplandecia. Ainda sorrindo, o bebê ergueu sua mãozinha e afagou a barba de Francisco. Era o primeiro Natal novamente!

Desde aquela noite maravilhosa, os cristãos de toda parte montam, como Francisco, alegremente seus presépios, em seus lares e em suas igrejas.

Houve anos de consolação para Francisco e os irmãos. Mas também houve anos de tristeza. Cinco dos irmãos tinham sido martirizados por pregarem no Marrocos. Outros que seguiram seus passos também encontraram ouvintes de má vontade. Até quando viajou ao Egito, para pregar aos muçulmanos, Francisco descobriu ser impossível permanecer muito tempo ali. Ele se lembrava daqueles dias felizes quando pregara para as irmãs Aves e o irmão Lobo – ao menos eles tinham escutado. Acreditando-se agora um fracasso, ele chorou. Voltou à Itália com a saúde enfraquecida e sofrendo de uma dolorosa moléstia nos olhos.

Os anos de amargura estavam começando. O homem que seguira Jesus mais de perto que qualquer outra pessoa antes dele também seguiria o Senhor ao Calvário.

24
Os mistérios dolorosos

*P*és descalços levantavam pequenas nuvens de poeira da terra ressequida pelo sol. Francisco e cinco irmãos estavam a caminho do monte Alverne, uma bela montanha não muito longe de Assis. Era costume de Francisco passar quarenta dias na montanha em oração e jejum antes da festa de São Miguel Arcanjo.

– Vamos descansar alguns minutos – Francisco sugeriu ao terminarem a subida. Ele olhou os frades. Aqueles cinco eram seus mais fiéis seguidores.

– Meus irmãos – disse ele com fervor –, sejam fiéis! Mantenham o espírito de santa pobreza que nos foi mostrado no Evangelho.

Ninguém perguntou o que ele estava pensando. Eles sabiam. Como acontecera a muitos outros fundadores de outras congregações religiosas, Francisco estava entristecido com alguns de sua Ordem que julgavam saber mais que ele.

Estava claro que não queriam abandonar a vocação. Mas tinham a intenção de mudar as coisas e suavizar um pouco seu modo de vida. E Francisco achava que isso arruinaria tudo.

Alguns dias mais tarde, depois de muita oração e reflexão, Francisco chamou irmão Leão.

– Leão, peço-lhe que leia uma passagem dos Evangelhos. Ali encontro respostas para todas as minhas dúvidas.

Irmão Leão abriu o livro ao acaso e leu a primeira passagem com que se deparou. Era a descrição do sofrimento e da morte de Jesus. Duas outras vezes o irmão abriu o livro e duas outras vezes, sem planejar, apontou outras passagens do sofrimento de Jesus.

Francisco ficou calado. Parecia estar rezando. Finalmente ergueu os olhos.

– Irmão Leão – disse tranquilamente –, sinto que logo vou morrer... e gostaria de me preparar. Vou viver do outro lado do riacho e ficar sozinho com Deus. Você pode me trazer pão e água todos os dias? – Leão acenou que sim, tentando conter as lágrimas. Francisco continuou:

– Mas antes de atravessar a ponte para me trazer comida, grite por mim com a primeira oração do Ofício Divino.* Só atravesse se eu lhe responder. Entendeu? – Leão assentiu novamente.

Durante um mês Francisco continuou seu retiro silencioso, jejuando a pão e água, e dedicando-se ao silêncio e à oração. Uma noite, irmão Leão parou como de costume na ponte e em voz alta disse a oração:

– "Oh, Senhor, abrirás minha boca!"

Esperou a resposta de Francisco. Não se ouvia nenhum som, exceto o da água correndo debaixo da ponte.

Leão gritou mais alto:

– "Oh, Senhor, abrirás minha boca!"

Ainda não houve resposta. O frade ficou preocupado. Seu primeiro impulso foi atravessar a ponte correndo. Mas Francisco lhe dera ordens expressas. "Faze com que padre Francisco esteja bem", ele rezou em seu coração. Finalmente, a ansiedade e o medo o venceram e Leão atravessou a ponte correndo. Quando chegou do outro lado, ouviu uma voz abafada vindo da direção da cabana de Francisco. Irmão Leão escondeu-se na sombra de uma árvore, correndo os olhos na área

---
* Ofício Divino é outro nome para a Liturgia das Horas, que é a oração comum oficial da Igreja Católica. Quando membros da Igreja rezam a Liturgia das Horas, continuam a oração de Jesus recitando os salmos, como ele fazia.

perto da cabana. De repente avistou a figura de Francisco deitado de bruços no chão com os braços estendidos. Leão chegou mais perto. Ouviu Francisco sussurrar:

– Oh, Deus, quem és tu? E quem sou eu, senão tua criatura imprestável?

Quando se aproximou mais, o irmão acidentalmente quebrou um galho seco. O eco do som fez-lhe o coração saltar no peito.

– Quem está aí? – Francisco gritou, levantando-se do chão.

– Sou... sou apenas eu, irmão Leão.

– Irmão Leão! O que está fazendo? Diga-me, agora, o que ouviu?

Nervoso, o irmão murmurou a oração que ouvira por acaso.

– Por favor, padre Francisco, diga-me o que quis dizer com essa oração – implorou.

– Oh, cordeirinho de Deus, meu irmão – Francisco sorriu. – Na oração que você ouviu, entendi duas coisas: quem é Deus... e quem sou eu. Imagine, um Deus tão grande está preocupado comigo. Como ele é bom! – Francisco exclamou, erguendo o rosto para o céu. Voltando-se para Leão, disse meigamente:

– Agora que já expliquei a oração, você pode ir em paz.

Quando irmão Leão começou a voltar, Francisco acrescentou:

— E não atravesse mais a ponte, a menos que eu lhe responda!

Leão assentiu.

25
Imagem do crucificado

Na noite de 14 de setembro de 1224, festa da Exaltação da Santa Cruz, irmão Leão mais uma vez chamou perto da ponte sem obter resposta. Mas dessa vez ele foi obediente. Não a atravessou.

Francisco não ouviu nada. Estava totalmente absorto, rezando e contemplando o sofrimento e a morte de Jesus. Sua profunda meditação continuou durante a noite toda. Deitado no chão úmido, ele rezava:

– Senhor Jesus, deixa-me compartilhar tua dor! Dá-me teu amor!

Enquanto rezava, Francisco ergueu os olhos e viu uma figura radiante, um homem crucificado com asas. A figura lhe falou:

– Não terás a morte de um mártir, como alguns de teus filhos tiveram. Em vez disso, serás transformado na imagem viva de Jesus crucificado.

Francisco reconheceu a figura como sendo o próprio Jesus! O que tudo isso significava? De repente, feridas profundas e sangrentas começaram a se formar em suas mãos, seus pés e seu lado. Cravos de ferro tornaram-se visíveis em suas mãos e seus pés. As dores de seu Mestre marcaram-lhe o corpo até ele se tornar uma réplica de Cristo. Mas com a dor veio uma irresistível alegria e paz. De algum modo, houvera uma troca. Francisco trocara as tristezas que levava no coração pelos sofrimentos físicos do próprio Jesus!

A partir de então, passou a levar consigo os chamados *estigmas*, as feridas que Jesus sofreu quando foi crucificado por nossos pecados. Ele não queria contar a ninguém o que acontecera. Mas não conseguiu guardar o segredo por muito tempo. Um dia, quando irmão Leão estava lavando o hábito de Francisco, notou que as mangas, a bainha e os lados estavam manchados de sangue. Ele teve de lhe contar a verdade.

No final de setembro, Francisco deixou Alverne. Um jumento emprestado carregou-o lentamente montanha abaixo. Enquanto cavalgava, mantinha o olhar fixo na montanha. No coração, sentia que aquela seria a última vez que veria seus lindos arbustos verdes e ouviria o córrego murmurante e o canto das irmãs Aves. E estava certo.

A notícia dos estigmas de Francisco espalhou-se rapidamente. Multidões enfileiraram-se nas ruas

"Senhor Jesus, deixa-me compartilhar tua dor! Dá-me teu amor!"

para vê-lo de relance, enquanto ele viajava de volta para a capela de Santa Maria dos Anjos. Enfileirados no caminho estavam muitos dos mesmos rostos que o tinham saudado quando ele voltou de sua "carreira" militar, anos antes. Muitos que em criança tinham ridicularizado o mendigo "maluco", agora aclamavam:

– Salve o santo... salve o nosso santo!

Francisco saudou-os e tranquilamente continuou com os irmãos. Louvores das multidões não o impressionavam, do mesmo jeito que os insultos a ele outrora lançados nunca o tinham perturbado.

– Bendito é o servo – certa vez ele explicou aos irmãos – que, quando louvado e exaltado pelas pessoas, não se considera melhor que quando o julgam indigente e imprestável. O que quer que um homem seja diante de Deus, ele é isso e nada mais.

26
"Bem-vinda, irmã Morte!"

Dois anos se passaram. A saúde de Francisco continuou a piorar. Os irmãos chamaram um médico.

– Um mês... talvez – disse o médico, afastando-se da cama de Francisco.

– Um mês – Francisco repetiu alegremente. – E depois estarei livre e irei para casa junto de meu Mestre! Que alegria!

Irmão Elias, que substituía Francisco como Ministro Geral da Ordem, finalmente convencera-o a tratar da doença nos olhos. Mas era tarde demais. Dessa vez ele não se recuperaria. A cada dia ficava mais fraco.

Assis era a terra natal de Francisco e ele desejava morrer ali. Muitas vezes durante sua enfermidade ele pedia aos irmãos que entoassem a oração que escrevera, seu "Cântico ao Irmão Sol". As palavras ecoavam pela diminuta capela de Santa Maria dos Anjos e ao redor dela:

Altíssimo e onipotente, bondoso Senhor,
teus são o louvor, a glória, a honra
e toda a graça divina.
Somente a ti, Altíssimo, são devidos.
E ninguém é digno de mencionar-te.

Louvado sejas, meu Senhor,
com todas as tuas criaturas.
Especialmente o Irmão Sol,
que clareia o dia
e com sua luz nos alumia.
E ele é belo e radiante com grande esplendor.
De ti, Altíssimo, é a imagem.

Louvado sejas, meu Senhor,
pela Irmã Lua e as Estrelas.
Que no céu formaste claras
e preciosas e belas.

Louvado sejas, meu Senhor,
pelo Irmão Vento
e pelo ar e, nublado ou claro,
por todo tipo de tempo,
pelo qual às tuas criaturas dás sustento.

Louvado sejas, meu Senhor,
pela Irmã Água,
que é muito útil e humilde,
preciosa e pura.

Louvado sejas, meu Senhor,
pelo Irmão Fogo,

com o qual iluminas a noite.
Ele é belo e jovial,
forte e vigoroso.

Louvado sejas, meu Senhor,
por nossa Irmã, a Mãe Terra,
que nos sustenta e governa,
e produz frutos diversos
e coloridas flores e ervas de todos os tipos.

Louvado sejas, meu Senhor,
pelos que perdoam por teu amor,
e suportam enfermidades e tribulações.

Bem-aventurados os que sustentam a paz,
que por ti, Altíssimo, serão coroados.

Sem demora, Francisco acrescentou um novo verso:

Louvado sejas, meu Senhor,
por nossa Irmã, a Morte Corporal,
da qual nenhum ser vivo pode escapar.
Ai dos que morrerem em pecado mortal!
Felizes os que ela achar
conformes à tua santíssima vontade,
porque a morte segunda não lhes fará mal!

Louvai e bendizei a meu Senhor,
e dai-lhe graças,
e servi-o com grande humildade.

Embora não tivesse riqueza material para deixar aos filhos espirituais, Francisco, o "pobre de Assis", escreveu uma declaração de vontade e testamento, transferindo para os irmãos a dádiva mais preciosa que lhes podia dar, o espírito franciscano. Ele rezou para que todos escolhessem a Senhora Pobreza para esposa – completamente e para a vida toda. Essa "dama" sempre fora o amor do coração de Francisco e o levara a seguir Jesus na verdadeira liberdade de espírito.

Na quinta-feira, 1º de outubro de 1226, Francisco estava agonizando na cabana de barro atrás da capela. Os ossos apareciam em seu corpo exaurido. Seus pálidos lábios murchos sorriam para os irmãos, seus filhos queridíssimos. Seus olhos profundos e encovados semicerravam-se para um último vislumbre de cada um deles.

– Abençoo todos vocês que estão aqui e todos os que virão – ele murmurou, esforçando-se para ser ouvido. – Abençoo-os tanto quanto posso e mais do que posso.

Os irmãos rezavam e esperavam. O céu e a terra lutavam por seu pai. O céu o chamava, mas, pelo jeito, a terra queria retê-lo.

Na sexta-feira, Francisco acordou com muita dor.

– Leiam as Escrituras para mim – sussurrou.

Um dos irmãos pegou o Evangelho e leu com voz trêmula. Era a passagem de Jesus lavando os pés dos discípulos. Como parecia apropriada agora! Irmão Ângelo e irmão Leão entoaram o "Cântico do Irmão Sol", a pedido de Francisco, que se juntou a eles no último verso: "Louvado sejas, meu Senhor, por nossa Irmã, a Morte Corporal".

No derradeiro sábado, Francisco pediu que lhe tirassem o hábito e o deitassem no chão da capela. Os irmãos entenderam aquela forma incomum de passar suas últimas horas. Era o tributo final de Francisco à "Senhora Pobreza". Sua mãe, dona Pica, também teria entendido. Ela teria visto na completa pobreza do filho um cumprimento profético de seu nascimento no estábulo. Até seu pai, Pedro, teria entendido. Antes de morrer, o senhor Bernardone percebera que, na humildade da pobreza religiosa, seu filho *tinha* se tornado verdadeiramente grande. Pedro finalmente entendera que a imitação obstinada de seu filho à vida de Jesus levara-o a se tornar completamente desprendido deste mundo e o fizera digno do Reino do céu.

A luz do dia desapareceu aos poucos e a noite caiu serenamente. Só a respiração pesada de Francisco rompia a quietude da capela escurecida. Com voz vacilante, ele entoou o Salmo 142, oração que termina com as palavras: "Retira-me da prisão, para que eu celebre teu nome; os justos vão me rodear quando me mostrares tua bondade".

Ajoelhando-se em volta dele, os irmãos rezaram. Tudo era silêncio. Jesus finalmente chegara na salinha para dizer a última palavra da vida de Francisco... "Parabéns, servo bom e fiel! [...] Vem participar da alegria do teu Senhor!" (Mt 25,21).

Francisco foi declarado santo em 16 de julho de 1228. Todos os anos, celebramos seu dia em 4 de outubro.

Orações

*São Francisco, abriste teu coração a Jesus
e não tiveste medo de seguir por onde ele te guiou.
Quando decidiste realmente começar
a viver o Evangelho, encontraste desafios.*

*Teu pai não te entendeu.
Alguns de teus amigos caçoaram de ti.*

*Decidir viver na pobreza
e na simplicidade como Jesus
não era exatamente o que esperavam que fizesses!
Essa decisão trouxe-te liberdade, paz e alegria.*

*Permitiu que levasses muitas pessoas
para mais perto de Deus.*

*Sei que Deus também tem um plano
para minha vida, São Francisco.*

*Ajuda-me a ouvi-lo na oração,
para que eu descubra o que é.*

*Seja o que for que eu faça na vida,
quero viver o Evangelho como tu o viveste.*

Quero seguir Jesus completamente.

Roga por mim, São Francisco.

Amém.

Senhor e Pai, nós vos louvamos e bendizemos
por nos terdes dado São Francisco de Assis
como modelo de homem e de cristão
a ser por nós imitado.
Simples, despojado, humilde e construtor da paz.
Coração fraterno, sintonizado com o universo,
a ponto de sentir-se irmão dos pássaros, do lobo,
da água, do vento, do fogo e até da morte.
Escolheu viver com simplicidade,
e como regra de vida tomou apenas o Evangelho,
desejando configurar-se mais e mais
ao vosso filho Jesus.

Concedei-nos, Senhor,
que acolhamos a vossa palavra
em um coração bom e fecundo,
escolhendo a humildade, o despojamento,
a fraternidade e a caridade
como nosso projeto de vida.
E para vivê-lo, ajudem-nos o auxílio indispensável
do vosso Santo Espírito
e a intercessão de são Francisco de Assis.
Amém!

São Francisco de Assis, rogai por nós!

Rezando com São Francisco

Senhor,
faze de mim um instrumento da tua paz!
Onde houver ódio, que eu leve o amor;
onde houver ofensa, que eu leve o perdão;
onde houver discórdia, que eu leve a união;
onde houver dúvida, que eu leve a fé;
onde houver erros, que eu leve a verdade;
onde houver desesperos, que eu leve a esperança;
onde houver tristeza, que eu leve a alegria;
onde houver trevas, que eu leve a luz.

Ó mestre!
Faze que eu procure mais
consolar, que ser consolado;
compreender, que ser compreendido;
amar, que ser amado...

Pois
é dando, que se recebe;
é perdoando, que se é perdoado;
e é morrendo, que se vive para a vida eterna!

Sumário

1. Só o melhor 5
2. Um Rei desprezado 9
3. Remendos coloridos 13
4. Uma breve carreira 17
5. Decisão! 21
6. Meu amigo, o leproso 27
7. A dádiva não desejada 31
8. Pão, água e "a irmã Cinzas" 37
9. Pai nosso 41
10. Arauto do Rei 45
11. Pedras, pelo amor de Deus 47
12. Para ser apóstolo 51
13. Irmãos em Cristo 53
14. Uma regra 57
15. Um a um 59
16. Oração, penitência, pregação 63
17. A vontade de Deus 67
18. Um sonho? 73
19. Com a alma alegre 77
20. A revolução continua... 81
21. Dose dupla 85

22. Irmãs Aves e irmão Lobo 89
23. "Segundo" Natal 93
24. Os mistérios dolorosos 97
25. Imagem do crucificado 103
26. "Bem-vinda, irmã Morte!" 107
Orações 113
Rezando com São Francisco 115

Rua Dona Inácia Uchoa, 62
04110-020 – São Paulo – SP (Brasil)
Tel.: (11) 2125-3500
paulinas.com.br – editora@paulinas.com.br
Telemarketing e SAC: 0800-7010081